Wolfgang Borchert
Laterne, Nacht und Sterne.
Gedichte um Hamburg

SEVERUS Verlag

Borchert, Wolfgang: Laterne, Nacht und Sterne. Gedichte um Hamburg. 2018
Neuauflage der Ausgabe von 1946
ISBN: 978-3-96345-088-4

Korrektorat: Sarah Schwerdtfeger
Satz: Sarah Schwerdtfeger

Umschlaggestaltung: Annelie Lamers, SEVERUS Verlag
Umschlagmotiv: www.pixabay.com

Bibliografische Information der Deutschen Nationalbibliothek: Die Deutsche Nationalbibliothek verzeichnet diese Publikation in der Deutschen Nationalbibliografie; detaillierte bibliografische Daten sind im Internet über https://dnb.de abrufbar.

Der SEVERUS Verlag ist ein Imprint der Bedey & Thoms Media GmbH, Hermannstal 119k, 22119 Hamburg

---

SEVERUS Verlag, 2018
http://www.severus-verlag.de
Gedruckt in Deutschland
Der SEVERUS Verlag übernimmt keine juristische Verantwortung oder irgendeine Haftung für evtl. fehlerhafte Angaben und deren Folgen.

Wolfgang Borchert

Laterne, Nacht und Sterne
Gedichte um Hamburg

MIX
Papier aus verantwortungsvollen Quellen
Paper from responsible sources
FSC® C105338

Inhalt

Laternentraum 4

Abendlied 6

In Hamburg 7

Legende 8

Regen 9

Der Kuss 10

Aranka 11

Abschied 12

Prolog zu einem Sturm 13

Muscheln, Muscheln 14

Der Wind und die Rose 15

Großstadt 16

Das graurotgrüne Großstadtlied 17

Antiquitäten 18

Abbildungsverzeichnis 21

Ich möchte Leuchtturm sein
in Nacht und Wind –
für Dorsch und Stint,
für jedes Boot –
und ich bin doch selbst
ein Schiff in Not!

LATERNENTRAUM

Wenn ich tot bin,
möchte ich immerhin
so eine Laterne sein,
und die müsste vor deiner Türe sein
und den fahlen
Abend überstrahlen.

Oder am Hafen,
wo die großen Dampfer schlafen
und wo die Mädchen lachen,
würde ich wachen
an einem schmalen schmutzigen Fleet
und dem zublinzeln, der einsam geht.

In einer engen
Gasse möcht ich hängen
als rote Blechlaterne
vor einer Taverne –
und in Gedanken
und im Nachtwind schwanken
zu ihren Gesängen.

Oder so eine sein, die ein Kind
mit großen Augen ansteckt,
wenn es erschreckt entdeckt,
dass es allein ist und weil der Wind
so johlt an den Fensterluken –
und die Träume draußen spuken.

Ja, ich möchte immerhin,
wenn ich tot bin,
so eine Laterne sein,
die nachts ganz allein,
wenn alles schläft auf der Welt,
sich mit dem Mond unterhält natürlich
per Du.

Abendlied

Warum, ach sag, warum
geht nun die Sonne fort?
Schlaf ein, mein Kind, und träume sacht,
das kommt wohl von der dunklen Nacht,
da geht die Sonne fort.

Warum, ach sag, warum
wird unsere Stadt so still?
Schlaf ein, mein Kind, und träume sacht,
das kommt wohl von der dunklen Nacht,
weil sie dann schlafen will.

Warum, ach sag, warum
brennt die Laterne so?
Schlaf ein, mein Kind, und träume sacht,
das kommt wohl von der dunklen Nacht,
da brennt sie lichterloh!

Warum, ach sag, warum
gehn manche Hand in Hand?
Schlaf ein, mein Kind, und träume sacht,
das kommt wohl von der dunklen Nacht,
da geht man Hand in Hand.

Warum, ach sag, warum
ist unser Herz so klein?
Schlaf ein, mein Kind, und träume sacht,
das kommt wohl von der dunklen Nacht,
da sind wir ganz allein.

IN HAMBURG

In Hamburg ist die Nacht
nicht wie in andern Städten
die sanfte blaue Frau,
in Hamburg ist sie grau
und hält bei denen, die nicht beten,
im Regen Wacht.

In Hamburg wohnt die Nacht
in allen Hafenschänken
und trägt die Röcke leicht,
sie kuppelt, spukt und schleicht,
wenn es auf schmalen Bänken
sich liebt und lacht.

In Hamburg kann die Nacht
nicht süße Melodien summen
mit Nachtigallentönen,
sie weiß, dass uns das Lied der Schiffssirenen,
die aus dem Hafen stadtwärtsbrummen,
genau so selig macht.

Legende

Jeden Abend wartet sie in grauer
Einsamkeit und sehnt sich nach dem Glück.
Ach, in ihren Augen nistet Trauer,
denn er kam nicht mehr zurück.

Eines Nachts hat wohl der dunkle Wind
sie verzaubert zur Laterne.
Die in ihrem Scheine glücklich sind,
flüstern leis: ich hab dich gerne – – –

Regen

Der Regen geht als eine alte Frau
mit stiller Trauer durch das Land.
Ihr Haar ist feucht, ihr Mantel grau,
und manchmal hebt sie ihre Hand

und klopft verzagt an Fensterscheiben,
wo die Gardinen heimlich flüstern.
Das Mädchen muss im Hause bleiben
und ist doch grade heut so lebenslüstern!

Da packt der Wind die Alte bei den Haaren,
und ihre Tränen werden wilde Kleckse.
Verwegen lässt sie ihre Röcke fahren
und tanzt gespensterhaft wie eine Hexe!

DER KUSS

Es regnet – doch sie merkt es kaum,
weil noch ihr Herz vor Glück erzittert:
Im Kuss versank die Welt im Traum.
Ihr Kleid ist nass und ganz zerknittert

und so verächtlich hochgeschoben,
als wären ihre Knie für alle da.
Ein Regentropfen, der zu Nichts zerstoben,
der hat gesehn, was niemand sonst noch sah.

So tief hat sie noch nie gefühlt –
so sinnlos selig müssen Tiere sein!
Ihr Haar ist wie zu einem Heiligenschein zerwühlt
Laternen spinnen sich drin ein.

ARANKA

Ich fühle deine Knie an meinen,
und deine krause Nase
muss irgendwo in meinem Haare weinen.
Du bist wie eine blaue Vase,
und deine Hände blühn wie Astern,
die schon vom Geben zittern.
Wir lächeln beide unter den Gewittern
von Liebe, Leid – und Lastern.

ABSCHIED

Das war ein letzter Kuss am Kai –
vorbei.

Stromabwärts und dem Meere zu
fährst du.

Ein rotes und ein grünes Licht
entfernen sich …

Prolog zu einem Sturm

Das Meer grinst grün und glasiggrau,
die Fische fliehn in tieferes Geflute.
Sogar dem alten Kabeljau
ist recht gemischt zu Mute.

Verängstigt strebt ein Seepferdchen zum Stalle.
Der Tintenfisch legt voller Kunst
um den Palast aus alabasterner Koralle
zur Tarnung einen tintenblauen Dunst.

Die Fischer ziehn die Netze ein
mit düsterem Geraune –
und einer brummt dazwischen rein:
Klabautermann hat schlechte Laune.

MUSCHELN, MUSCHELN

Muscheln, Muscheln, blank und bunt,
findet man als Kind.
Muscheln, Muscheln, schlank und rund,
darin rauscht der Wind.

Darin singt das große Meer in
Museen sieht man sie glimmern,
auch in alten Hafenkneipen
und in Kinderzimmern.

Muscheln, Muscheln, rund und schlank,
horch, was singt der Wind:
Muscheln, Muscheln, bunt und blank,
fand man einst als Kind!

Der Wind und die Rose

Kleine blasse Rose!
Der Wind, von Luv, der lose,
der dich zerwühlte,
als wär dein Blatt
das Kleid von einer Hafenfrau –
er kam so wild und kam so grau!

Vielleicht auch fühlte
er sich für Sekunden matt
und wollt in deinen dunklen Falten
den Atem sanft verhalten.
Da hat dein Duft ihn so betört,
berauscht,
dass er sich bäumt und bauscht
und dich vor Lust zerstört,
dass er sich noch mit deinem Kusse bläht,
wenn er am bangen Gras vorüberweht.

GROSSSTADT

Die Göttin Großstadt hat uns ausgespuckt
in dieses wüste Meer von Stein.
Wir haben ihren Atem eingeschluckt,
dann ließ sie uns allein.

Die Hure Großstadt hat uns zugeplinkt –
an ihren weichen und verderbten Armen
sind wir durch Lust und Leid gehinkt
und wollten kein Erbarmen.

Die Mutter Großstadt ist uns mild und groß –
und wenn wir leer und müde sind,
nimmt sie uns in den grauen Schoß –
und ewig orgelt über uns der Wind!

Das graurotgrüne Grossstadtlied

Rote Münder, die aus grauen Schatten glühn,
girren einen süßen Schwindel.
Und der Mond grinst goldiggrün
durch das Nebelbündel.

Graue Straßen, rote Dächer,
mittendrin mal grün ein Licht.
Heimwärts gröhlt ein später Zecher
mit verknittertem Gesicht.

Grauer Stein und rotes Blut –
morgen früh ist alles gut.
Morgen weht ein grünes Blatt
über einer grauen Stadt.

ANTIQUITÄTEN

ERINNERUNG AN DIE HOHEN BLEICHEN

Weitab vom Lärm der großen Gegenwart,
verfallumwittert, ruhmreich und verlassen,
stehn stille Dinge rings, verstaubt, apart
ein paar kokette Biedermeiertassen.

Darüber wuchtet bleich ein Imperator,
doch seiner Büste Würde ist gegipst.
Ein ausgestopfter Südseealligator
grinst glasig grünen Auges wie beschwipst.

Der bronzne Kienspanhalter Karls des Weisen
blinkt über Buddhas Bauch und seinen Falten.
Die Zopfperücke hat noch einen leisen
verführerischen Puderhauch behalten.

Malaiisch glotzt mit hölzern starren Zügen
ein Götze. Fahl erglimmen Zähne von Mulatten.
Verrostet träumen Waffen von den Kriegen
und klirren leis in Rembrandts weichem Schatten.

Der Totenwurm in der Barockkommode
tickt zeitlos in den ausgedörrten Wänden.
Betrübt summt eine Fliege ihre Ode –
das macht, sie hockt auf Schopenhauers dreizehn Bänden.

Abbildungsverzeichnis

Illustration aus Jules Vernes „Der Leuchtturm am Ende der Welt" (aus 978-3-95855-319-4) 2

Langergang Nr.32 Hof, Hamburg
(aus 978-3-86347-919-0) 5

Ecke Schul- und Ebräergang, Hamburg
(aus 978-3-86347-919-0) 7

Die Kugelbake bei Cuxhaven, Hamburg
(aus 978-3-95801-576-0) 12

Austern verschiedener Größe auf einem Holzstücke
(aus 978-3-86347-291-7) 14

Schulgang Hof 8, Hamburg
(aus 978-3-86347-919-0) 16

Weitere Titel im Programm

Wolfgang Borchert
An diesem Dienstag

SEVERUS Verlag Hamburg 2018
116 Seiten, 12 x 19 cm

18,00€ (PB)
978-3-96345-092-1

*„Die Woche hat einen Dienstag.
Das Jahr ein halbes Hundert.
Der Krieg hat viele Dienstage."*

In einer direkten, von Lakonie geprägten Alltagssprache schildert Wolfgang Borchert die Sinnlosigkeit und das Grauen des Krieges, sowohl an als auch fernab der Front, in 19 Kurzgeschichten.

Benannt nach Wolfgang Borcherts (1921–1947) berühmten Kurzgeschichte *An diesem Dienstag*, handelt es sich hierbei um seinen zweiten Sammelband, der kurz nach seinem Tod erstmals veröffentlicht wurde. Viele Erzählungen Borcherts gelten heute als Klassiker der Nachkriegsliteratur.

Wolfgang Borchert
Draußen vor der Tür

SEVERUS Verlag Hamburg 2018
80 Seiten, 12 x 19 cm

18,00 (PB)
978-3-96345-090-7

„*Von einem Mann, der nach Deutschland kommt, einer von denen. Einer von denen, die nach Hause kommen und die dann doch nicht nach Hause kommen, weil für sie kein Zuhause mehr da ist. Und ihr Zuhause ist dann draußen vor der Tür. Ihr Deutschland ist draußen, nachts im Regen, auf der Straße.*"

Nach dem 2. Weltkrieg setzt in großen Teilen der Bevölkerung das Verdrängen der Ereignisse ein. Dem Kriegsheimkehrer Beckmann fällt es schwer, sich in diese Gesellschaft des Vergessens einzugliedern. Zu viele Fragen nach Moral und Verantwortung drängen sich ihm auf, Schuldgefühle plagen ihn und er zweifelt immer mehr an dem Guten im Menschen.

Wolfang Borchert (1921–1947) ist einer der bekanntesten Schriftsteller der Nachkriegsliteratur. Das Werk *Draußen vor der Tür* wurde einen Tag nach seinem Tod uraufgeführt und machte ihn berühmt. Viele seiner Zeitgenossen fanden in dem Protagonisten des Dramas eine Identifikationsfigur, da auch sie auf der Suche nach Antworten und einem Platz in der Gesellschaft waren.

Wolfgang Borchert
Die Hundeblume

SEVERUS Verlag Hamburg 2018
92 Seiten, 12 x 19 cm

18,00 (PB)
978-3-96345-094-5

„Die Sehnsucht, etwas Lebendiges in der Zelle zu haben, wurde so mächtig in mir, dass die Blume, die schüchterne kleine Hundeblume, für mich bald den Wert eines Menschen, einer heimlichen Geliebten bekam: Ich konnte nicht mehr ohne sie leben – da oben zwischen den toten Wänden!"

Einsam und gefangen im immer gleichen Trott verbringt Insasse Nummer 432 seine Tage im Gefängnis. Als er jedoch während eines Hofgangs eine blühende Hundeblume entdeckt, weckt diese tiefe Begierde in ihm und wird der tröstende Mittelpunkt seines sonst tristen Alltags.

In dieser autobiographischen Erzählung verarbeitete Wolfgang Borchert (1921–1947) seine Erinnerungen an seine Inhaftierung in einem Militärgefängnis zur Zeit des Nationalsozialismus.

Bedey, Björn (Hrsg.)
Ansichten des Hamburger Hafens aus dem 20. Jahrhundert
Mit Erläuterungen auf Deutsch und Englisch

SEVERUS Verlag Hamburg 2017
56 Seiten, 12 x 19 cm

26,90 € (HC)
978-3-95801-576-0

19,90 € (PB)
978-3-95801-577-7

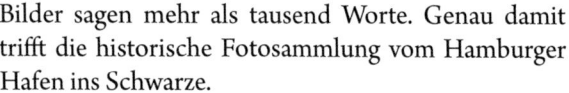

Bilder sagen mehr als tausend Worte. Genau damit trifft die historische Fotosammlung vom Hamburger Hafen ins Schwarze.

Für die Hamburger nicht mehr wegzudenken, für die Wirtschaft einer der größten Güterumschlagsplätze, prägt der Hafen das Stadtbild der Hansestadt seit mehr als 100 Jahren. Schiffbau und Hafenarbeit treffen auf Kultur und Freizeitleben.

Mit zahlreichen Originalfotos aus dem 20. Jahrhundert werden verschiedenste Flecken des Hafens in Szene gesetzt und in deutscher und englischer Sprache beschrieben. Eine gelungene Zusammenstellung aus vergangenen Zeiten, die nicht nur tief verwurzelte Hamburger in seinen Bann zieht.

Landesbildstelle Hansa Hamburg
Hamburger Gängeviertel
Historische Ansichten

SEVERUS Verlag Hamburg 2014
56 Seiten, 14,8 x 21 cm

26,90 € (HC)
978-3-86347-919-0

18,90 € (PB)
978-3-86347-920-6

Im Herzen der Stadt erhoben sich einst in voller Größe Hamburgs einzigartige Gängeviertel. Heute sind nur noch einzelne denkmalgeschützte Bauten erhalten. Sie sind das Erbe einer Zeit, in der die Stadtplanung allein praktisch orientiert war; Hygiene und soziale Aspekte wurden der optimalen Flächennutzung unterstellt. So entstand für die Hamburger Arbeiterklasse eine eigene kleine Welt, die sich vom Hamburger Hafen bis in die Innenstadt erstreckte.

Dieser Bildband mit 48 faszinierenden Fotografien der 1930er Jahre dokumentiert die Gängeviertel der Neustadt lebhaft in ihrem ganzen ehemaligen Ausmaß.